Adolf Kiessling

1. Horatianische Kleinigkeiten, von A. Kiessling.

2. Alte Bleiinschriften aus Styra auf der Insel Euböa, von W. Vischer

Adolf Kiessling

1. Horatianische Kleinigkeiten, von A. Kiessling.
2. *Alte Bleiinschriften aus Styra auf der Insel Euböa, von W. Vischer*

ISBN/EAN: 9783743487390

Hergestellt in Europa, USA, Kanada, Australien, Japan

Cover: Foto ©ninafisch / pixelio.de

Manufactured and distributed by brebook publishing software (www.brebook.com)

Adolf Kiessling

1. Horatianische Kleinigkeiten, von A. Kiessling.

GRATULATIONSSCHRIFT

DER

PHILOSOPHISCHEN FACULTAET

IN BASEL

ZU DEM

FUNFZIGJAEHRIGEN DOCTORJUBILAEUM

IHRES SENIORS

DES

HERRN PROFESSOR FR. DOR. GERLACH.

INHALT.

1) Horatianische Kleinigkeiten von ADOLF KIESSLING.
2) Alte Bleiinschriften aus Styra auf der Insel Euböa von WILHELM VISCHER. Mit zwei lithographirten Tafeln.

BASEL,
CARL SCHULTZE'S UNIVERSITAETSBUCHDRUCKEREI.
1867.

GRATULATIONSSCHRIFT

DER

PHILOSOPHISCHEN FACULTAET

IN BASEL

ZU DEM

FUNFZIGJAEHRIGEN DOCTORJUBILAEUM

IHRES SENIORS

DES

HERRN PROFESSOR FR. DOR. GERLACH.

INHALT.

1) Horatianische Kleinigkeiten von ADOLF KIESSLING.
2) Alte Bleiinschriften aus Styra auf der Insel Euböa von WILHELM VISCHER.
Mit zwei lithographirten Tafeln.

BASEL,
CARL SCHULTZE'S UNIVERSITAETSBUCHDRUCKEREI.
1867.

I.

Horatianische Kleinigkeiten

von

ADOLF KIESSLING.

I.

Wenn Horaz in der bekannten neunten Ode des ersten Buches den Thaliarchus auffordert

> *dissolve frigus ligna super foco*
> *large reponens, atque benignius*
> *deprome quadrimum sabina,*
> *o Thaliarche, merum diota.*

so drängt sich gewiss jedem Leser die Frage auf, was wohl der Dichter mit der so chronologisch genauen Bezeichnung *quadrimum merum* gemeint haben könne. Dass der Zwang des Versmaasses Horaz veranlasst habe, den Wein gerade *quadrimum* zu nennen, nur um demselben irgend ein Prädicat zu geben, dass 'vierjährig' an unserer Stelle nur ein ganz willkürlich herausgegriffener Ansatz sei, um überhaupt einen älteren Wein zu bezeichnen, das ist eine Annahme, zu der wir uns doch nur dann verstehen können, wenn sich gar keine andere Möglichkeit den Ausdruck zu erklären darbietet. Vielmehr müssen wir bei der Exegese eines Dichters, der wusste was er schrieb, den Grundsatz festhalten, dass solchen Zahlenangaben ebenso gut wie den geographischen Bestimmungen, so lange es sich nicht um typisch gewordene Zahlen handelt, stets eine ganz bestimmte Anschauung zu Grunde liegt. So ist der *porcus bimestris* (Od. III 17, 15) offenbar durch sacrale Vorschrift geboten, wie auch wohl der zweijährige Wein in dem Opfer an Venus (Od. I 19, 15), wenn gleich beim Apolloopfer (Od. I 31, 2) der Dichter

> *orat de patera novum*
> *fundens liquorem;*

Wenn es in der Ode an Mercur (III 11, 9) von der spröden Lyde heisst:

> *quae velut latis equa trima campis*
> *ludit exsultim metuitque tangi.*

so hätten die Erklärer dieser Stelle wohl statt eines Ballastes griechischer Parallelstellen anführen können, dass die jungen Füllen nach der Vorschrift der alten Landwirthe (vgl. Varro R. R. II, 7,

Vergil. Georg. III 190) erst im vierten Jahre eingefangen werden sollen, also mit drei Jahren am unbändigsten sind. Davon übertragen ist dann *puer trimus* (Serm. II 3, 251) die Bezeichnung eines noch völlig kindlich spielenden Knaben. Doch um zu unserer Stelle zurückzukehren, wenn man dem aufgestellten Grundsatz entsprechend, nun erklärt hat, mit *quadrimum merum* sei der Sabinerwein in seinem besten Alter, wenn er am wohlschmeckendsten sei, gemeint, so dient dieser Erklärung weder die Angabe des Athenäus (I p. 27b) πάντων δὲ τούτων ὁ σαβῖνος κουφότερος, ἀπὸ ἐτῶν ἑπτά ἐπιτήδειος πίνεσθαι μέχρι πεντεκαίδεκα, noch die culinarische Notiz des Nasidienus (Serm. II 8, 47), wonach der fünfjährige einheimische Wein gerade zum Kochen gut genug ist, zur sonderlichen Stütze. Im Gegentheil ersehen wir aus den ziemlich detaillirten Angaben des Athenäus, dass die italischen Weine erst nach fünf bis sechs Jahren, in der Regel sogar erst viel später für völlig reif und trinkbar galten; ein vierjähriger Sabiner konnte also nur unter ganz besonderen Umständen für einen guten Wein gelten, und dass der Dichter dem Thaliarchus eine gute Sorte hervorzuholen räth, ist doch selbstverständlich. Ueberhaupt aber ist es nicht gut denkbar, dass ein guter Wein so schlechthin mit Angabe des Alters bezeichnet worden wäre. Es ist doch etwas ganz Anderes, wenn wir beispielsweise von fünfzigjährigem Rheinweine reden; erstlich ist Rheinwein Collectivbegriff für eine gute Sorte, und der Sabiner war zu Horaz Zeit nicht gerade wegen seiner Güte verschrieen; zweitens ist in diesem Falle das hohe Alter schon an und für sich Bürgschaft der Güte, denn einen schlechten Jahrgang pflegt man nicht fünfzig Jahre zu conserviren. So kann auch Horaz (Od. III 14, 18) einen guten Tropfen blos das Alter berücksichtigend mit

cadum Marsi memorem duelli,
Spartacum si qua potuit vagantem
fallere testa.

bezeichnen;. aber vierjähriger Sabiner war nur dann gut, wenn er von einem guten Herbst stammte. Somit wäre das Resultat dieser Erwägung, dass vier Jahre vor der Zeit, wo Horaz diese Ode verfasste, ein guter Jahrgang in die Rauchkammer des Thaliarchus muss eingekellert worden sein. Wüssten wir also das Abfassungsjahr unseres Gedichtes, so hätten wir damit zugleich das Datum eines guten Weinjahres gefunden. Nun bietet uns leider der Wortlaut nicht den geringsten Anhaltspunkt zu einer Zeitbestimmung — höchstens kann man aus der Nachahmung eines griechischen Originals, des Alkaios, sich versucht fühlen, auf eine frühe Entstehungszeit zu schliessen, insofern diese freien Uebersetzungen ihrer Natur nach zu den ersten lyrischen Versuchen des Dichters gehören können und meist auch wirklich gehören, d. h. in den Jahren 724—727 verfasst sind. Wir müssen also versuchen den umgekehrten Weg einzuschlagen, und aus den vorhandenen Notizen über gute Weinjahre jener Epoche das Entstehungsjahr des Gedichtes erschliessen. Nun lesen wir Od. III 8, 9:

> *hic dies anno redeunte festus*
> *corticem adstrictum pice dimovebit*
> *amphoræ fumum bibere institutæ*
> *consule Tullo.*

Dieser Tullus kann nur entweder der Consul des Jahres 688, L. Volcatius Tullus, oder der des Jahres 721, L. Volcatius Tullus, sein, und die meisten Erklärer denken an den erstern; ohne irgend einen zwingenden Grund, ja sogar mit geringer Wahrscheinlichkeit, da nach Od. III 21, 1: *O nata mecum consule Manlio — pia testa* und Epod. 13, 6: *tu vina Torquato move consule pressa meo*, auch das folgende Jahr 689 ein gesegnetes Weinjahr war, und zwei aufeinander folgende gute Herbste, wie jedermann weiss, nicht die Regel, sondern die Ausnahme bilden. Sodann spricht auch der ganze Ton jenes Gedichtes eher dafür, dass dieser Wein aus dem Jahre des Tullus von Horaz selbst gebaut und eingekellert war, was unmöglich ist für den Tullus des Jahres 689, trefflich aber auf den Consul des Jahres 721 passen würde. Mir scheint es daher nicht allzukühn, an diesen letztern zu denken, und somit die Möglichkeit zu gewinnen, auch das *quadrimum merum* von dem ich ausging, auf denselben Jahrgang zu beziehen. Die Abfassungszeit unseres Gedichtes würde sich somit auf den Winter 724 auf 725 festatellen.

Sicherer können wir nun einen zweiten Fall beurtheilen. Der Anfang der elften Ode des vierten Buches:

> *est mihi nonum superantis annum*
> *plenus Albani cadus; est in horto,*
> *Phylli, nectendis apium coronis.*

weist noch deutlicher darauf hin, dass das wirkliche Alter des angepriesenen Weines angegeben ist, denn die Behauptung, die Worte '*nonum superantis annum*' könnten auch ganz willkürlich von einem elfjährigen oder fünfzehnjährigen Weine gesagt sein, wird Niemand im Ernste aufstellen wollen, der erwägt, dass ein neun Herbste früher gekelterter Wein, bei Gelegenheit eines an den Iden des April veranstalteten Gelages gar nicht anders als mit '*nonum superans annum*' bezeichnet werden konnte. Und da nach Athenäus der Albaner ἀπὸ πέντε καὶ δέκα ἐτῶν ἀκμάζει, so sind wir auch hier wieder darauf hingeführt, hinter dieser Altersangabe die Bezeichnung eines besonders guten Weinjahres suchen zu müssen. Aller Wahrscheinlichkeit nach ist nun unser Gedicht zwischen 737 und 740 gedichtet; wir würden uns also an die Jahre 727 bis 730 zu halten haben, von denen denn auch das Jahr 728 wirklich einen gesegneten Herbst hatte; nach Epp. I 5, 4

> *vina bibes iterum Tauro diffusa palustris*
> *inter Minturnas Sinuessanumque Petrinum.*

Demnach fällt die Ode an Phyllis in das Frühjahr 738. Ob übrigens auf denselben Jahrgang 728 die Worte

verbenas, pueri, ponite turaque
bimi cum patera meri

in der 729 oder 730 gedichteten neunzehnten Ode des ersten Buches zu beziehen sind, wage ich nicht zu entscheiden, da bei einem Opfer das Alter des gespendeten Weines, wie ich schon oben andeutete, sich ausser nach der Güte, auch nach sacralen Vorschriften richten konnte.

II.

Zu den Stellen der horazischen Gedichte, über welche die Kritik am frühesten und einstimmigsten ein verdammendes Urtheil gefällt hat, gehört der Anfang der zweiten Ode des ersten Buches. Seitdem Guyet die Echtheit der zweiten und dritten Strophe dieses Gedichtes bezweifelt und Buttmann wenigstens für die dritte diese Athetese unterstützt hat, ist dieser letzteren von denjenigen Gelehrten, welche überhaupt in den horazischen Gedichten Interpolationen fremder Hände als möglich statuiren, fast einstimmig das Todesurtheil gesprochen worden. Bei Meineke fristet sie kaum noch eine bescheidene Existenz am untern Rande der Seite; Linker sperrt sie durch eckige Klammern von der Gesellschaft ihrer reinen Gefährten aus, und selbst Haupt hat sich in seiner zweiten Ausgabe — in der ersten liess er sie noch unbeanstandet passiren — dieser Verurtheilung angeschlossen. Dass Peerlkamp sowohl über sie, als über die vorhergehende zweite Strophe nach Guyets Vorgang den Stab bricht, versteht sich von selbst. Und dennoch möchte ich es wagen, mich zum Anwalt dieser Verse aufzuwerfen und die armen Sünder für so unschuldig als nur möglich zu erklären. Hören wir zunächst sie selbst

iam satis terris nivis atque diræ
grandinis misit pater et rubente
dextera sacras iaculatus arces
terruit urbem,
terruit gentes, grave ne rediret
sæculum Pyrrhæ nova monstra questæ,
omne cum Proteus pecus egit altos
visere montes,
piscium et summa genus hæsit ulmo,
nota quæ sedes fuerat columbis,
et superiecto pavido natarunt
æquore damnæ.

Gegen dieselben macht nun zunächst Peerlkamp geltend, es sei überhaupt unpassend, bei Gelegenheit eines auf Rom und die Umgegend beschränkten Unwetters, sofort sämmtliche Völker an eine Wiederkehr der Deukalionischen Fluth denken zu lassen. Daher seien Vers 5 — 13 zu streichen. Keine Vorstellung liegt aber wohl der Phantasie eines römischen Dichters näher, als diejenige, dass bei einem Unheil, welches das *caput orbis*, die Herrscherinn der Welt betrifft, auch die fernsten Völker erzittern und in Mitleidenschaft versetzt werden. Und ebensowenig ist Horaz dafür zu tadeln, dass er, um von der Schilderung eines unerhörten Wintersturmes die Brücke zu einer Apotheose August's schlagen zu können, die Gewalt dieses von den Göttern den Menschen zur Warnung gesandten Ungewitters mit den stärksten Farben, die ihm zu Gebote stehen, schildert und es als den Vorboten einer neuen Sündfluth hinstellt. Ohne diese poetisch gerechtfertigte Uebertreibung würde es uns ziemlich abgeschmackt, ja als eine kriechende Schmeichelei erscheinen müssen, dass der Dichter bei Gelegenheit eines wenngleich noch so starken Hagelwetters sofort sich an Augustus, als Gott auf Erden, um Abhülfe wendet. Die zweite Strophe erscheint also als durchaus nothwendig, und ausser Peerlkamp hat denn auch von Neueren Niemand — nicht einmal der drakonische Todtenrichter der Unterwelt — ernstlich an ihre Beseitigung gedacht.

Schärfer wird dagegen der dritten Strophe zu Leibe gegangen, vor Allem von Buttmann (Mythologus II p. 364.). Auf die grossartige Schilderung von den auf den Bergen treibenden Seethieren, meinte dieser, konnte nicht eine so kleinliche und empfindsame folgen, der Dichter nicht von den Robben auf den Bergen zu den Fischen in den Ulmen herabsteigen. Nehmen wir aber nicht dieses Herabsinken des dichterischen Schwunges in pathetischen Schilderungen bei Horaz noch öfters wahr? oder ist es etwa wesentlich verschieden, wenn wir am Schlusse der dreizehnten Ode des zweiten Buches, wo Horaz den tiefen Eindruck malt, den der Gesang der Sappho und des Alkaios auf die Wesen der Unterwelt macht, erst lesen, Cerberus und die Schlangen der Eumeniden hätten sich besänftigt, dann aber habe sogar Orion aufgehört furchtsame Hasen zu hetzen? Consequent war es daher, dass Ellendt auch diesen Schluss für unecht erklärte, und Meineke ihm darin halb und halb beistimmt. Wenn wir aber an Horaz gerade das hervorragende Talent des Satirikers, Menschen und Dinge im Detail scharf zu beobachten, die einzelnen Züge festzuhalten und sie zu lebendigen Bildern zu verarbeiten, bewundern, so musste eben dieses Talent den Schwung seiner lyrischen Poesie hemmen, indem es ihn verleitete, die Wucht seines Pathos an eine Reihe kleiner Einzelbilder zu versplittern? Und Horaz sieht dies später vom theoretischen Standpunkt aus selbst ein; wenn er in dem Briefe an die Pisonen (v. 29.30) sagt:

qui variare cupit rem prodigialiter unam
delphinum silvis adpingit, fluctibus aprum.

so kann ich mir sehr wohl denken, dass er in gutem Humor zum Belege seines Tadels recht gut auf eine Stelle aus seinen eigenen Jugendversuchen anspielen konnte. Traf der Vorwurf doch auch über Horaz hinaus keinen Geringeren als sein grosses Vorbild Archilochus. Man vergleiche (fr. 76. Bergk):

χρημάτων ἄελπτον οὐδέν ἐστιν οὐδ᾽ ἀπώμοτον
οὐδὲ θαυμάσιον, ἐπειδὴ Ζεὺς πατὴρ Ὀλυμπίων
ἐκ μεσημβρίης ἔθηκε νύκτ᾽ ἀποκρύψας φάος
ἡλίου λάμποντος· ὑγρὸν δ᾽ ἦλθ᾽ ἐπ᾽ ἀνθρώπους δέος.
ἐκ δέ τοῦ καὶ πιστὰ πάντα κἀπίελπτα γίγνεται
ἀνδράσιν· μηδεὶς ἔθ᾽ ὑμῶν εἰςορῶν θαυμαζέτω,
μηδ᾽ ὅταν δελφῖσι θῆρες ἀνταμείψωνται νομόν
ἐνάλιον καὶ σφιν θαλάσσης ἠχέεντα κύματα
φίλτερ᾽ ἠπείρου γένηται, τοῖσι δ᾽ ἡδὺ ᾖ ὄρος.

Irre ich nicht, so hat gerade dieses Gedicht des Archilochus Horaz als Muster gedient; wenigstens stimmen alle wesentlichen Züge so überein, das plötzliche Unwetter, die Furcht der Menschen vor dem Unglaublichsten, die Angst vor einer neuen Sündfluth, bei der die Delphine und die Thiere des Waldes ihre Weideplätze vertauschen, dass ich dies Zusammentreffen für kein zufälliges, sondern für Folge bewusster Nachbildung halten muss. Dass die allgemeine Bezeichnung θῆρες von Horaz in *dammæ* spezialisirt worden ist, dass umgekehrt statt der Delphine die generellen Ausdrücke, Heerde des Proteus und Geschlecht der Fische eintreten, kann nicht Wunder nehmen, wenn wir die Freiheit bedenken, mit der er auch sonst, wo wir ihn controllieren können, seine griechischen Muster behandelt. Man vergleiche nur die Eingänge von Od. I 9 und 14 mit Alkaios Fragm. 34 und 18 bei Bergk. Die Schlussfolgerung aber, die sich aus dieser Uebereinstimmung mit Archilochus für die Echtheit von v. 9—13 der horazischen Ode ergiebt, springt in die Augen. Uebrigens hatte schon Orelli das richtige Gefühl davon, dass Horaz in dieser Schilderung nicht auf eigenen Füssen stehe, nur war er insofern auf einer falschen Spur, als er an Nachahmung eines alexandrinischen Dichters denken zu können glaubte.

III.

Ungleich triftiger als die im Vorigen berührten Einwürfe scheinen mir die Bedenken, welche gegen den Anfang der vierundzwanzigsten, an Vergil gerichteten Ode desselben Buches zuerst, aber ohne sonderlichen Erfolg, von Peerlkamp geltend gemacht worden sind. Dieser Anfang lautet:

*quis desiderio sit pudor aut modus
tam cari capitis? præcipe lugubris
cantus, Melpomene, cui liquidam pater
vocem cum cithara dedit.
ergo Quintilium perpetuus sopor
urguet? cui pudor et iustitiæ soror
incorrupta fides nudaque veritas
quando ullum inveniet parem?*

Peerlkamp erklärt nun die erste Strophe für unecht, aus Gründen, deren Beweiskraft sehr verschieden ist. Der grammatische Anstoss, den ihm die Construction *quis desiderio sit pudor* statt des gebräuchlichen Genetivs *desiderii*, oder vielmehr *desideri*, erregte, wird durch die zeugmatische Verbindung mit dem folgenden *aut modus* erheblich gemindert; wer sich freilich noch daran stossen wollte, dass in diesem Zeugma der Dativ *desiderio* nicht wie üblich durch den zunächst stehenden Begriff *pudor*, sondern durch den entfernteren *modus* bedingt ist, dem könnte, falls er sich nicht auf den Einwurf hin beruhigte, dass auf *pudor* für den Dichter der Hauptnachdruck liege, allenfalls dadurch Genüge geschehen, dass wir nach Analogie der von den Exegeten beigebrachten Parallelstelle aus Martial (8, 64) *Sit tandem pudor et modus rapinis*, auch bei Horaz die Umstellung *quis desiderio sit modus aut pudor* vornähmen. Auch dass *pudor* in der ersten Strophe als abstracter Begriff, in der zweiten als Personification einer ganz andern Seite dieses Begriffs vorkommt, ist zwar nicht schön, aber berechtigt noch nicht zur Anwendung der kritischen Amputation. Schwerer fällt schon in die Wagschaale, dass die Anrufung an die Muse *præcipe lugubris cantus* einen längern Klageguss erwarten lässt und der Kürze des sechszehnzeiligen Gedichts nicht entspricht. Freilich lässt sich dagegen einwenden die Analogie des sechsundzwanzigsten Ode des ersten Buches; hier entschlägt sich der Dichter aller Sorgen, nur um die Muse aufzufordern, ihm beizustehen bei einem Liede zu Ehren Lamias:

*apricos necte flores,
necte meo Lamiæ coronam,
Pimplei dulcis! nil sine te mei
prosunt honores: hunc fidibus novis,
hunc Lesbio sacrare plectro
teque tuasque decet sorores.*

Damit ist das Gedicht zu Ende, in dem Moment wo wir erwarten, dass der verheissene Liederkranz anhoben wird. Hat also etwa die Muse ihren hilfreichen Beistand dem Dichter versagt? Hielt sie den Lamia nicht für werth, sich um seinetwillen zu bemühen? oder ist nicht diese kleine Ode offenbar nur die Einleitung zu einem grösseren Liede, welches aber Horaz aus irgend welchem, vielleicht rein persönlichem, Grunde nicht mit in die Sammlung seiner Gedichte aufgenommen hat?

Entscheidend aber ist, dass die erste Strophe der Ode an Vergil nur eine Klage des Dichters selbst um den verstorbenen Freund erwarten lässt, während in der weitaus grössern Hälfte des Liedes von vs. 9 an vielmehr von den nutzlosen Klagen Vergils, die den gestorbenen Freund doch nicht ins Leben zurückrufen werden, die Rede ist. Und dazu kommt noch ein von Peerlkamp nicht hervorgehobener Umstand. Die Anfangsworte: »wie mag man sich des Schmerzes um einen so lieben Freund zu schämen oder in demselben Mass zu halten brauchen?« enthalten doch nichts anderes, als eine Rechtfertigung und Entschuldigung: denn in dem so stark betonten *pudor* liegt eine Hinweisung darauf, dass der Dichter fühlt, es sei diese Hingabe an den Schmerz nicht ganz in Ordnung. Vor wem hat nun Horaz seinen Schmerz zu entschuldigen? vor Vergil, der selbst ganz untröstlich ist? vor der Muse, die er in demselben Athemzuge anruft, ihm den Text seiner Trauerode einzugeben? oder vor sich selbst? aber wenn er Vergil ermahnt, sich der Trauer nicht zu sehr hinzugeben, so zeigt er ja schon, dass er selbst für seine Person Mass zu halten weiss. Oder gilt diese Entschuldigung nur dem Schmerze Vergil's? dann durften die folgenden Verse bis zum neunten nicht nur die eigene Empfindung ausdrücken, und erst mit den Worten *multis ille bonis flebilis occidit, nulli flebilior quam tibi, Vergili* die Beziehung auf Vergil eintreten. Somit bleibt also nur übrig, dass der Dichter sich vor dem Leser wegen dieses Themas, und seinen Freund Vergil wegen seiner Untröstlichkeit rechtfertigt. Aber offenbar ist die Ode doch ein ächtes Gelegenheitsgedicht und kann unmöglich schon von Hause aus für die Kenntnissnahme des grossen Lesepublikums bestimmt gewesen sein. Kurz man mag sich drehen und wenden wie man will: die erste Strophe gehört nicht zum übrigen Liede. Nach ihrem Wegfall hebt das eigentliche Gedicht kräftig und dem Sprachgebrauch angemessen mit *Ergo Quintilium perpetuus sopor urget?* an — schon Peerlkamp machte mit Recht auf die ähnlichen Eingänge von Properz III 7 und 22 und Ovid Trist. III 2 aufmerksam — und der Ausgang *durum! sed levius fit patientia*

quidquid corrigere est nefas.

weist in ächt horazischer Compositionsweise auf die schon im Eingang berührte Unabänderlichkeit der göttlichen Fügung, *perpetuus sopor,* zurück.

Aber ist damit nun auch entschieden, dass die ausgeschiedene Strophe gar nicht von Horaz herrührt? Ich meine nicht, und darin weiche ich allerdings wesentlich von Peerlkamp ab. Vielmehr scheint mir viel wahrscheinlicher, dass der jetzige Anfang vom Dichter selbst hinzugefügt worden ist, als — und damit tritt die so eben zurückgewiesene Beziehung desselben auf den Leser wieder in ihre Rechte ein — das Gedicht von ihm in die Sammlung seiner Oden aufgenommen wurde. Es ist die einzige Trauerode der ganzen Sammlung — denn bei II 9 ist ja das Gemüth des Dichters selbst durchaus nicht betheiligt — daher diese vorauf geschickte

Rechtfertigung, deren oben bewährte Unklarheit und deren Widersprüche mit dem Folgenden sich hinreichend aus dem Umstand erklären, dass sie nicht mit dem übrigen Gedichte aus einem Gusse ist. Beiläufig — wenn es Vers 11 heisst

tu frustra pius heu non ita creditum
poscis Quintilium deos.

so sind diejenigen Erklärer gewiss im Recht, welche meinen, der Ausdruck *non ita creditum* müsse sich auf eine ganz specielle Thatsache beziehen.· Darum freilich in I 3, 6 ändern zu wollen: *navis, quae tibi creditum debes Quintilium*, wie Franke vorschlug, wäre wohl zu gewagt. Leichter und ungezwungener scheint es mir anzunehmen, dass Vergil in einem Gedichte den kranken Freund der Huld der Götter empfohlen und die feste Zuversicht ausgesprochen haben mochte, der so ihrer Gnade Anvertraute werde sicher genesen. Aehnlich spricht ja auch Horaz bei einer Krankheit Maecen's seine feste Ueberzeugung aus, der Freund werde nicht eher aus dem Leben scheiden als er selbst (Od. II 17). Freilich wäre es zur Sicherstellung dieser Vermuthung angenehm zu wissen, ob der Adressat unserer Ode und der Dichter Vergil ein und dieselbe Person ist. Sueton hat es allerdings so angenommen — auf welche Grundlage hin wissen wir leider nicht — die Thatsache aber, dass von den drei Oden *ad Vergilium* Od. IV 12 gar nicht an den Dichter gerichtet sein kann, während die chronologischen Schwierigkeiten von Od. I 3 verschwinden, wenn sie nicht an den Dichter gerichtet zu sein braucht, muss den Glauben an die von den früheren als selbstverständlich postulirte Freundschaft zwischen Horaz und Vergil in bedenklicher Weise erschüttern.

IV.

Ich weiss nicht, ob Jemand schon einmal beachtet und erörtert hat, mit welcher ausgebildeten Manier Horaz in seinen lyrischen Gedichten — in den Epoden ist er noch freier und mannigfaltiger — die Frage, von der er einen recht ausgiebigen Gebrauch zu machen weiss, handhabt. In der weitaus überwiegenden Mehrzahl der Fälle, namentlich bei dem durch das Fragpronomen *quis quid* oder durch die Partikel *cur* eingeleiteten Begriffsfragen, treten die Fragen nicht einzeln auf, sondern gehäuft und sind durch anaphorische Wiederholung des Fragewortes, selten durch Disjunction des erfragten Begriffs (so I 24, 1 *quis desiderio sit pudor aut modus*; mit Anapher verbunden IV 14, 1 *quae cura patrum quaeve Quiritium*) zu zwei-, drei-, ja fünf- und sechsgliedrigen (I 8) Periodeu aneinandergekettet. Wo die Einzelfrage sich findet, ist es fast regelmässig eine Satzfrage. Interessant ist es nun, die Stellen näher ins Auge zu fassen, wo im Widerspruche mit der oben aufgestellten Regel eine einzelne Begriffsfrage sich findet. Es sind zunächst eine Anzahl von Fällen auszuscheiden, in denen der gestellten Frage sofort die Antwort nachfolgt und der Schwerpunkt des Gedankens in diese letztere verlegt ist, so dass eine rhetorische Erweiterung der ersteren gar nicht am Platze sein würde. So lesen wir:

II 17, 1 *cur me querellis exanimas tuis?*
nec dis amicum est, nec mihi te prius
obire —

II 18, 32 *quid ultra tendis? aequa tellus*
pauperi recluditur
regumque pueris —

III 6, 45 *damnosa quid non imminuit dies?*
aetas parentum peior avis tulit
nos nequiores —

III 7, 1 *quid fles, Asterie, quem tibi candidi*
primo restituent vere favonii?

III 11, 30 *inpiae nam quid potuere maius?*
inpiae sponsos potuere duro
perdere ferro.

Die Antwort schliesst sich besonders gerne in Form eines Imperativs an die Frage an; so:

III 3, 70 *quo musa tendis? desine pervicax*
referre sermones deorum —

III 28, 1 *festo quid potius die*
Neptuni faciam? prome — Caecubum.

IV 1, 1 *intermissa, Venus, diu*
rursus bella moves? parce precor, precor.

Ebenso rechtfertigt sich die einfache Frage II 7, 1, wo sie vollkommen in die Anrede an Pompeius hineingeschoben und somit verdeckt ist. Was aber nach Beseitigung dieser Ausnahmen, deren Erklärung auf der Hand liegt, von Beispielen für die Einzelfrage übrig bleibt, ist eine höchst wunderbare Gesellschaft.

Zuerst I 3, 17 *quem mortis timuit gradum,*
qui siccis oculis monstra natantia,
qui vidit mare turbidum et
infamis scopulos Acroceraunia?

Ferner I 6, 13 *quis Martem tunica tectum adamantina*
digne scripserit, aut pulvere Troico

nigrum Merionen, aut ope Palladis
Tydiden superis parem?
Sodann IV 8, 22 *quid foret Iliae*
Mavortisque puer, si taciturnitas
obstaret meritis invida Romuli
eine Stelle, die zwar speciell noch nicht angefochten ist, die aber trotzdem nicht von Horaz herrühren kann, sintemal diese ganze Ode Nachahmerfabrikat ist, wie Lehrs in seinen geistreichen Horatianis (Jahrb. f. Phil. 89, 173) wohl mit entschiedenem Rechte urtheilt.

Endlich — und gegen dies Beispiel lässt sich allerdings nichts einwenden —
IV 7, 17 *quis scit an adiciant hodiernae crastina summae*
*tempora di superi?**)
Soviel ergiebt sich also wohl aus dieser Betrachtung, dass wir uns hüten müssen, bei Handhabung der Kritik gegen diesen Kanon zu fehlen. Das scheint mir aber der Fall zu sein bei dem Verdammungsurtheil, welches mein hochverehrter Lehrer Ritschl über die vorletzte Strophe der Ode an Asinius Pollio (II 1) gefällt hat (vgl. Rhein. Mus. XI S. 631). Dort heisst es:

quis non Latino sanguine pinguior
campus sepulcris inpia praelia
testatur auditumque Medis
Hesperiae sonitum ruinae?
quis gurges aut quae flumina lugubris
ignara belli? quod mare Dauniae
non decoloravere caedes?
quae caret ora cruore nostro?

Würden wir nun die zweite Strophe streichen, so bliebe uns in der ersten eine solche vereinzelte Frage stehen — was bei dem rhetorischen Pathos, mit welchem Horaz in diesem Gedicht den Mangel herzlich warmer Empfindung für Pollio zu verdecken sich bemüht hat, doppelt auffallend sein würde. Freilich lässt sich einerseits gegen die einschneidende Kritik, mit der

---

*) Wenn in den unmittelbar vorhergehenden Versen
nos ubi decidimus
quo pater Aeneus, quo dives Tullus et Ancus —
die Erklärung des *dives Tullus* so viele Noth gemacht hat, bis man zuletzt bei der nicht gerade treffenden Ausrede stehen blieb, *Tullus* heisse *dives*, weil er ein König gewesen und Könige reich zu sein pflegten, so scheint Niemand sich dessen erinnert zu haben, dass die alte Sage Tullus Hostilius wirklich als einen reichen Fürsten kennt. So erzählt Dionysius A.R. III 1 χώραν εἶχεν ἐξαίρετον οἱ πρὸ αὐτοῦ βασιλεῖς πολλὴν καὶ ἀγαθήν. — ταύτην ὁ Τύλλος ἐπιτρέψας τοῖς μηδένα κλῆρον ἔχουσι Ῥωμαίων κατ' ἄνδρα διασιμασθαι, τὴν πατρῴαν αὐτῷ κτῆσιν ἀφικέσαν ἀποφαίνων τις τε τὰ ἱερὰ καὶ τὰς τοῦ βίου δαπάνας. Und sein Grossvater Hostilius wanderte ein als ein ἀνὴρ εὐγενής καὶ χρήμασι δυνατός. (ibid.)

Ritschl die völlige Prosa dieser dürren Aufzählung von *campus — gurges — flumina — mare — ora* nachweist, nicht viel mehr zur Vertheidigung, nicht des Dichters, sondern nur der Echtheit dieser Strophe, thun, als hinweisen auf den in ganz ähnlicher Weise wunderlichen Klimax (Od. III 25, 1) *Quo me, Bacche, rapis tui*
plenum? quæ nemora aut quos agor in specus
velox mente nova? quibus
antris egregii Cæsaris audiar
æternum meditans decus
stellis inserere et consilio Iovis?

Andererseits aber erfordert doch schon vom rein rhetorischen Standpunkt aus die Frage: »welches Gefilde ist nicht mit unserm Blute gedüngt?« als Gegenstück und zur Vervollständigung des Gedankens: »überall ist unser Blut vergossen worden,« die Fortsetzung durch die Frage: »welches Wasser ist nicht mit unserm Blute gefärbt?« Ganz ähnlich, aber freilich einfacher, weil wirklich von Herzen, sagt Horaz in einem früheren Gedichte (Ep. 7, 3):
parumne campis atque Neptuno super
fusum est Latini sanguinis?

Diejenigen freilich, welche bei jeder Wiederholung ein und desselben Gedankens den Verdacht der Interpolation schöpfen, erklären auch in diesem Falle die Ausführung der Ode an Pollio für erweiternde Nachahmung der Epodenstelle[*]), und consequenterweise musste nun auch die Strophe *quis non latino sanguine pinguior campus* fallen. Welchen Sinn hat aber wohl dann der Schluss: *sed ne relictis, musa procax, iocis*
Ceæ retractes munera neniæ,
in welchem die *Ceæ munera neniae* doch deutlich genug auf die vorhergehenden klagenden Ausrufungen Bezug nehmen, und in keiner Weise auf die lebendige Schilderung des Schlachtgetümmels in v. 17—24 gedeutet werden können?

---

[*]) z. B. Martin in seinem Programm *de aliquot Horatii carminum ratione antistrophica et interpolationibus*, Posen 1865, p. 4.

II.
Alte Bleiinschriften
aus Styra auf der Insel Eubœa

von

WILHELM VISCHER.

In der Archäologischen Ephimeris von Athen, Neue Folge, 1862, N. 11, S. 272 ff., giebt mein werther Freund, Professor Athanasios Rusopulos, Bericht über einen merkwürdigen Inschriftenfund, der mehrere Jahre zuvor (eine genauere Zeitbestimmung fehlt) auf der Insel Euböa gemacht wurde. Bei der unweit der Südwestküste der Insel gelegenen Stadt Stura (τὰ Στοῖρα), dem alten Styra (τὰ Στύρα) sind nämlich, wie angegeben wurde, bei einem alten viereckigen Denkmal in einer thönernen Urne, die aber zerbrochen war,*) eine grosse Anzahl von kleinen länglichen Bleiplättchen mit Inschriften gefunden worden. Ein kleiner Theil davon, hundert und fünf und vierzig Stücke, kam in das Museum der Archäologischen Gesellschaft, und davon hat Rusopulos acht und neunzig mit genauen Facsimiles publiciert. Schon früher waren, wie er bemerkt, eine grosse Anzahl davon in der Zeitung »Athena« vom 10. September 1860, aber nur in Cursivschrift, von S. A. K. (Kumanudis) herausgegeben worden. Dieses Blatt ist mir nicht zu Gesichte gekommen. In N. 12, S. 301. 302 der Ephimeris hat dann Rusopulos noch weitere drei und zwanzig Stücke aus dem Besitze des Münzhändlers Paul Lambros gegeben. Diese nebst zwei und fünfzig andern, im Ganzen fünf und siebenzig, habe ich in meinen Besitz gebracht. Ausserdem hat mir Herr Lambros noch die in den Zügen der Originale gemachten Abschriften von hundert und drei und neunzig Plättchen mitgetheilt, die ich aber leider einstweilen noch nicht publicieren kann. Es sind mir also im Ganzen dreihundert und sechs und sechzig theils durch eigene Anschauung, theils durch mehr oder weniger facsimilierte Abschriften bekannt. Die Bleiplättchen, deren Gestalt und Grösse die beigegebenen Abbildungen zeigen, sind meist zwischen 5 und 7 Centimeter lang, und 1—1½ breit, doch kommen auch kleinere bis auf 3 Centimeter und grössere bis auf 9 Centimeter vor. Die Dicke beträgt etwa 1—2 Millimeter, doch giebt es auch Stücke, bei denen sie nicht einmal einen Millimeter erreicht. Beschrieben sind sie zum Theil nur auf einer Seite, zum Theil auf beiden, und zwar bald so, dass man sie nach der Länge (siehe Taf. 1, 6. 20 Taf. II, 52), bald so, dass man sie nach der Breite (Taf. I, 9. 19. 21) drehen muss. Die Schrift enthält aber nichts anderes als Namen, in der Regel einen auf einer Seite, und da kommt wohl vor, dass wo der Raum nicht reicht, die Schrift am Ende sich wendet und über oder unter der Hauptlinie fortläuft, wie bei Taf. 1 n. 20,

---

*) S. 276: Εὑρέθησαν δὲ, ὡς λέγεται, ἐν Εὐβοίᾳ, καὶ δὴ ἐν Στύροις τῆς Εὐβοίας περὶ τετραγωνικόν τι μνημεῖον ἐντὸς κάλπης πηλίνης συντετριμμένης εὑρεθείσης, πρὸ ὀλίγων ἐτῶν.

wo die Endung *ES* von *KΛEOΓENIDES**) über *NID* fortläuft. Vgl. Arch. Eph. Taf. 39 n. 74a, wo das *S* von *AΠOΛΛODOROS* unter dem *R* steht. Besonders auffallend ist Eph. Taf. 39, n. 83, wo *TOS: ONIDES* steht. Der Schreiber wollte den Namen *ONIDESTOS* auf das Plättchen bringen, fieng aber zu weit nach rechts hin an und kam so bereits mit dem *S* zu Ende. Er half sich nun, indem er *TOS* vorausstellte und dahinter eine Interpunction setzte, die sonst noch einigemal vorkommt, wo nach einem ganzen Namen noch der Anfang eines zweiten folgt, z. B. Eph. Taf. 39, n. 54 *SIMVΛOS: ΘEO*. Sie besteht immer in zwei Punkten. In seltenen Fällen wird auch der auf einer Seite nicht ganz zu Ende gebrachte Name auf der andern Seite beendigt, wie Eph. Taf. 39, n. 44, wo auf einer Seite *ERΓOTEΛE* steht, und auf der andern nur *S*. Aehnlich steht auf einem Stücke von Lambros auf einer Seite *ΨARIANΘ*, auf der andern *OS*, d. i. Χαριανϑος. Bisweilen aber findet sich umgekehrt nicht nur ein Name auf einer Seite, sondern hinter dem ganzen noch der Anfang eines zweiten, so z. B. Taf. I, n. 19 nach *KEDIDES* noch *MOS*, Taf. I, n. 26 nach *ΛEVK[Λ]RIOS* noch *NIKO*, Taf. II, n. 54 nach *ΨAROΓIES* noch *KE*. Vgl. Eph. Taf. 39, n. 54. — Unten Taf. II, 43 finden wir an der linken Seite des Täfelchens neben dem von rechts nach links geschriebenen *SΓONDAOS* rechtsläufig *ΛE*. Zwei vollständige Namen finden sich aber nirgend hintereinander auf derselben Seite. Dagegen ist noch eine Eigenthümlichkeit zu bemerken, welche das Entziffern der Namen nicht wenig erschwert. Ausser den Buchstaben des Hauptnamens sind nämlich sehr oft noch schwächere dazwischen oder darunter vorhanden, bisweilen nur als ganz feines Gekritzel, bald in der gleichen Stellung wie der Hauptname, bald in verkehrter Stellung, auch wohl linksläufig, wo jener rechtsläufig ist, oder umgekehrt. Ohne Zweifel sind, wie schon Rusopulos S. 278 bemerkt, früher auf das Blei geschriebene Namen ausgestrichen, das heisst das Blei ist möglichst ausgeglättet worden. Auf einigen Plättchen unterscheidet man so drei und vielleicht vier verschiedene Schriften. In den selteneren Fällen lässt sich noch ein unterer Name mit Sicherheit erkennen. So Eph. Taf. 39, n. 78, wo man unter dem *ARKESIΛEOS* ganz deutlich, aber umgekehrt *ΛVKORΓOS* liest. Nur das *K* ist nicht mehr ganz vollständig, indem der untere Seitenstrich wenigstens auf dem Facsimile nicht sichtbar ist. Ebenso erkennt man Eph. Taf. 39, n. 89 unter *ARISTOKRITOS* in seinen Zügen *MANTEKΛEEES***),

---

*) Wiewohl mir die der Schriftform entsprechenden Lettern fehlen, habe ich doch für angemessen erachtet, die Namen nur da in Cursivschrift zu geben, wo sie ins spätere (ionische) Alphabet umgesetzt sind. *X* und *Ψ* sind bei der Majuskelschrift in der Bedeutung des styrischen Alphabetes als Xi und Chi angewandt, für Delta, Koppa, Rho, Sigma und Ypsilon die nahestehenden Formen des lateinischen Alphabetes entlehnt.

**) Es liegt nahe *MANTEKΛEDES* oder gar *MANTIKΛIDES* zu vermuthen, allein auf dem Facsimile erkennt man sowohl das erste *E* als die drei am Ende deutlich. Aus Versehen des Schreibers mag eines davon zu viel aufs Blei gekommen sein, wie auch noch ein überflüssiges *S* folgt, das schwerlich zu einem dritten Namen gehört hat.

auch in umgekehrter Stellung. Die Züge beider Namen laufen aber so ineinander, dass Rusopulos getäuscht worden ist, und anstatt Ἀριστόκριτος gelesen hat Ἀσπιστόκριτος. Das Sigma gehört aber zum untern Namen, und mit dem Rho ist ein E des untern Namens so verbunden, dass man allerdings ein Π zu sehen glauben kann. Ganz unleserlich ist durch mehrfaches Uebereinanderschreiben die eine Seite von n. 91 auf Taf. 39 der Ephimeris.*) Uebrigens ist die Schrift, wenn auch im Ganzen durchaus von gleichem Charakter, in Hinsicht auf Deutlichkeit und Kräftigkeit der Züge sehr verschieden. Manche Namen sind mit fester Hand uud breitem Griffel eingegraben, z. B. *ΓΛΑVKOS* Taf. I, n. 5, *ΘERION* Taf. I, n. 18, *ΜΕΛΑNES* Taf. II, n. 34, andere dagegen nur flüchtig mit spitzem Griffel eingeritzt, wie *ARΨEDEMOS* Taf. I, n. 2, *ARΨINOS* Taf. I, n. 3, *ΨARIDEMOS* Taf. II, n. 51. Schreibfehler kommen wiederholt vor, wie z. B. Eph. Taf. 39, n. 47: *DEMOKRTOS* mit weggelassenem Jota, anstatt *DEMOKRITOS* steht. Doch muss man sich hüten, nicht unnöthige Aenderungen zu versuchen, wie z. B. Rusopulos statt des deutlichen *AKESTERIDES* Taf. 39, n. 67 mit Unrecht Ἀκεστ[ο]ρίδες vermuthet. Ist auch Ἀκεστηρίδης oder Ἀκεστήρ, so viel ich weiss, als Eigenname noch nicht bekannt, so kommt doch neben ἀκεστής und ἀκέστωρ als Appellativ ἀκεστήρ vor bei Soph. Oed. Col. 714, von dem Ἀκεστηρίδης ganz richtig abgeleitet ist.

So viel ma; einstweilen über die Beschaffenheit der Bleiplättchen und die Art, wie sie beschrieben sind, genügen. Ueber den Charakter der Schrift und den Dialekt soll unten gesprochen werden. Zunächst will ich die vier und fünfzig Stücke meines Besitzes, welche ich auf den beigegebenen Tafeln habe abbilden lassen, näher betrachten. Ein und zwanzig Stücke habe ich wegen undeutlicher Schrift weggelassen, obwohl einige davon wenigstens annähernd entziffert werden können. Dass ich die drei und zwanzig bereits in der archäologischen Ephimeris facsimilierten Stücke wiedergebe, wird nicht überflüssig scheinen, da jene Zeitschrift nur Wenigen zugänglich ist. Sie sind auf den Tafeln mit einem Sternchen bezeichnet. Ueberdies lese ich einigemal etwas anders als Rusopulos. Vollständig stimme ich übrigens diesem bei, -wenn er versichert, dass bei der Betrachtung der Täfelchen und ihrer Inschriften nicht der geringste Zweifel an der Aechtheit aufkommeu könne.

1. *ANASΨETOS* Ἀνάσχιτος.†**)

In der Ephimeris Taf. 45 n. 99 steht zwischen dem zweiten Alpha und Sigma noch ein umgekehrtes Sigma, so dass man vermuthen könnte, es sei Ἀνάσσχιτος zu lesen, nach einer bekanntlich sehr oft vorkommenden Schreibweise, wie z. B. Μόυσσχος bei Ross, Keisen und Reiserouten

---

*) Die andere Seite hat Rusopulos Θαρύπολις gelesen, während es deutlich Φαρόπολις ist, ein Name wie Φαρόστρατος, Φαρόπιπος u. dgl.

**) Den Namen, welche in dem Lexikon von Pape fehlen, ist ein † beigefügt, dabei ist von A—Π die dritte von Benseler besorgte Ausgabe gemeint, von da an die erste.

S. 8, vgl. Franz. Elem. Ep. Gr. p. 49. Allein auf dem Originale erscheinen die Züge viel unbestimmter und sind entweder Reste einer ausgestrichenen Schrift oder ganz bedeutungslos. Aehnlich stehen nach dem ersten Alpha Züge, die den Schein eines doppelten *N* hervorbringen. Die Rückseite des Täfelchens war auch beschrieben, aber die Schrift ist fast zur Unkenntlichkeit verwischt, daher ich sie nicht habe abbilden lassen.

2. ARΨEDEMOS Ἀρχίδημος.
Der Strich nach dem Delta gehört nicht zu diesem Namen.

3. ARΨINOS Ἀρχῖνος.

4. BABVROS Βάϑυρος. †
Ein ganz unbekannter Name, dessen Bedeutung und Ableitung ich nicht zu erklären vermag. Zur Vergleichung bietet sich Βαϑίρρας dar, als Eigenname bei Polyb. IV, 4, 5 und als Appellativ bei Hesychios durch παράνωμος erklärt (vgl. C. Dindorf zu Steph. Thes. s. v.), wo übrigens Salmasius Βαϑύρρας lesen wollte und der Cyrill. Vind. n. 171 βαϑύρας τινῶν giebt. Ferner ist anzuführen Βαϑύλος, ein Name, der auf delphischen Inschriften sehr oft vorkommt. C. I. Gr. 1702, Curtius Anecd. Delph. 32. 36 a und besonders Inscriptions recueillies à Delphes par C. Wescher.|| P. Foucart n. 21 Z.1, n. 29 Z.15, n. 34 Z.18, n. 68 Z. 10, n. 407 Z. 14 und a. a. O. Einmal n. 16 steht dafür bei Curtius Βαϑύλας, dem er aber im Index selbst ein Fragezeichen beifügt.

5. ΓΛΑVΚΟS Γλαῦκος.
6. ΓΛΑVΚΟS Γλαῦκος.
ΘΕΙSON Θείων †.

Hinter Γλαῦκος stehen noch undeutliche Spuren von Buchstaben eines andern Namens. Der Name Θείων, der sonst nicht vorkommt, ist wohl auf die Wurzel Θε (τίϑημι) zurückzuführen und ähnlich wie Λύσων, Πείσων gebildet, vielleicht geradezu die böotisch-äolische Form für Θίδων, vgl. unten n. 41 Κτίσων.

7. DEMOSΘE.. Δημοσϑ[ένης.
Obwohl die letzten Buchstaben nicht ganz deutlich sind, darf wohl ziemlich sicher so gelesen werden. Auch auf dem Täfelchen n. 82 der Eph. Arch. kommt der Name vor.

8. ΕΠΙQREΘΕΟS
- - ΨAS.
Der Name der Vorderseite, obwohl die einzelnen Züge alle vollkommen lesbar sind, macht bedeutende Schwierigkeiten. Es fragt sich nämlich, was der vierte Buchstabe ist. Gehört der kleine schräge Strich unten wirklich dazu, so ist es ein Koppa, gehört er nicht dazu, so ist es ein O. Für letzteres spricht der Umstand, dass öfters das O da, wo es durchaus unzweifelhaft ist, in einen Strich nach unten ausläuft, z. B. in Taf. I n. 20 a, Taf.II n. 33, wo das ganz sichere O in den Namen Κλεογενίδης und Μίδων wie Koppa aussieht. Es scheint in solchen

Fällen der Griffel dem Schreiber ausgeglitten zu sein, wie denn der Strich bisweilen auch nach oben läuft. Dagegen ist ein sicheres Koppa sonst nirgend gefunden, sondern in den lesbaren Namen überall Kappa angewandt. Darf daher auch mit Kirchhoff, Studien z. Gesch. des griech. Alph. S. 253, vorausgesetzt werden, dass sich vielleicht das Koppa noch in dem auf den styrischen Täfelchen gebrauchten Alphabet fand, so bleibt es immerhin bedenklich, in einem einzigen Falle ohne vollständige Gewissheit es anzunehmen.*) Andrerseits spricht aber der Zusammenhang mit den andern Buchstaben offenbar mehr für Koppa als für O. Mit *EΠIOREΘEOS* wüsste ich schlechterdings nichts anzufangen. Bei *EΠIQREΘEOS* dagegen ist man zuerst versucht, an ἐπί mit einem Genetiv zu denken, ἐπὶ Κρηθίως, wird aber, da sonst durchweg nur Namen ohne irgend einen Beisatz vorkommen, davon absehen müssen. Ἐπικρήθιος als Name im Nominativ wäre sehr auffallend. Doch kommen auch sonst sonderbare Namen wiederholt vor, wo die Lesung keinen Zweifel lässt. Oder darf man etwa an einen Genetiv Ἐπικρηθίος von Ἐπικρηθεύς denken? Genetive scheinen auch noch andere vorzukommen, aber freilich im Anschluss an vorangehende Nominative. Ich werde unten darauf zurückkommen. Ein letztes, aber durch die Beschaffenheit der Schrift nicht unterstütztes Auskunftsmittel wäre die Annahme, *EΠI* gehöre nicht mit den folgenden Buchstaben zusammen und diese seien als Κρηθίος oder Κρηθίως, Genetiv von Κρηθεύς zu fassen. Die Schrift der Rückseite ist sehr undeutlich und lässt nur die Endung χας und einige unzusammenhängende Buchstaben erkennen.

9. *EXEKESTOS*   Ἐξήκεστος.
   ΘEODOTOS   Θεόδοτος.
10. *EVHATES*   Εὐήγης.

Das Wort ist sowohl als Adjectiv, wie als Eigenname bekannt genug, wenn auch als letzterer selten. Bemerkenswerth ist aber hier die Anwendung der Interaspiration. Es steht die Anwendung derselben hier im Widerspruch mit der von alten Grammatikern gegebenen Regel, wonach zusammengesetzte Adjective, deren zweiter Theil mit dem Spiritus Asper begann, diesen beibehielten, dieselben Wörter aber, als Eigennamen gebraucht, ihn aufgaben. Freilich hat schon Herodian die allgemeine Gültigkeit der Regel bestritten und Ausnahmen nach beiden Seiten hin bezeichnet. Lehrs de Arist. stud. Hom. S. 217 f. ed. 2 und das ganze Cap. de interaspiratione. Zu vergleichen sind die von Ammianus Marcellinus XV, 9, 8 genannten Euhages, eine Art von gallischen Philosophen oder Priestern, wenn anders der Name aus dem Griechischen abgeleitet ist.

11. *ZEVXIS*   Ζεῦξις.
12. *HESΨATION*   Ἐσχατίων.

---

*) Auf einigen meiner nicht hier mitgetheilten Täfelchen scheint Koppa zu stehen, aber da der Zusammenhang mit den andern Buchstaben nicht zu erkennen ist, kann es gerade ebenso gut o sein.

Der Name, von Ἔσχατος abgeleitet, kommt, wenn schon selten, doch auch sonst vor, so C. I. Gr. II, n. 2353 Z. 1, auf der Insel Keos. Bemerkenswerth ist aber hier die ganz ungewöhnliche Aspiration, ein neuer Beitrag zu der reichen Sammlung, die Keil in den Schedae Epigr., S. 6 ff., zusammengestellt hat. Vgl. denselben zur Sylloge Inscript. Boeot. im 4. Supplem. Band, der Jahrb. f. class. Philol. S. 595, G. Curtius Gr. Etymologie S. 617, 2. Aufl. Am ehesten lässt sich Ἴσχυλλος, Ἰσχύλος vergleichen.

13. HVΓEDON.†

Wie dieser ganz besonders deutlich geschriebene Name zu lesen und zu erklären ist, weiss ich nicht. Es liegt die Vermuthung nahe, dass der fünfte Buchstabe ein R und Ὑπέρων zu lesen sei, dem homerischen Ὑπείρων (Ilias V, 144) entsprechend, allein das Delta ist gerade hier unten so scharf abgeschlossen, von Verlängerung des geraden Striches oder dem geringsten Ansatz des untern schiefen Striches eines Rho auch so gar keine Spur, dass man daran nicht denken darf, sondern um Ὑπέρων zu erhalten, annehmen müsste, der Schreiber habe Delta statt Rho geschrieben, was doch sehr bedenklich ist. Ich lasse daher dahingestellt, ob Ὑπίδων oder Ὑπήδων gemeint sei.

14. ΘΑΥΜΟN Θαύμων.†

Die übrigen Buchstaben und Buchstabenreste, der Strich im V, der dies wie ein Chi erscheinen lässt, das Sigma zwischen V und M und ES am Ende gehören offenbar zu einem anderen ausgestrichenen Namen, von dem auf dem Blei noch einige weitere Spuren sich entdecken lassen.

15. ΘEODOKOS Θεόδοκος.†

Sehr undeutlich, doch scheint das K in der sechsten Stelle sicher, so dass nicht etwa Θεόδωρος zu lesen ist.

16. ΘEO ... STOS Θεό[μνη]στος.

Nicht ganz gewiss, aber wahrscheinlich, indem E sicher scheint und auch von MN Spuren zu erkennen sind. Sonst läge auch Θεό[φρα]στος nahe.

17. ΘEOΦIΛEES Θεοφίλης.

Von der rechten nach der linken Seite geschrieben, EE wahrscheinlich aus Versehen, anstatt bloss eines E, wie in dem oben angeführten MANTEKΛEEES für Μαντικλέης. Denn dass zwei E zur Bezeichnung der Länge gebraucht worden wären, wird niemand glauben, wie denn auf unsern Bleien das einfache E überall den langen und den kurzen Vocal ohne Unterschied vertritt. Von einem andern Namen sind nur undeutliche Ueberreste noch vorhanden.

18. ΘERION Θηρίων.†

So häufig Θήρων vorkommt, ist mir Θηρίων doch sonst gar nicht bekannt.

19. KEDIDES Κηδίδης.

Ueber die Endung ίδης statt είδης vergleiche man das unten bei Ξενοκλίδης n. 37 Gesagte.

Der Name findet sich in der Form Κηδιίδης im Etym. magn. p. 166, 4., vgl. Lobeck Paralip. S. 5. Κηδιίδης steht im Lexicon von Photios, wo der neueste Herausgeber dafür Κηκείδης geschrieben hat, mit Beziehung auf Arist. Wolken 981. — Die hinter Κηδιίδης stehenden Buchstaben *MOS* gehören einem andern Namen an. Auf der Rückseite ist nur sehr deutlich *MA* und dann undeutlicher wahrscheinlich *R* zu lesen. Vgl. unten n. 31.

20. *KΛEOΓENIDES*   Κλεογενίδης.†
    K.1O . E . . . DES   Κλω . . . δης.

Der erste Name ist ganz sicher und wenn auch sonst nicht bekannt, doch ganz regelmässig von dem häufigen Κλεογένης abgeleitet, wie z. B. Θεαγενίδης von Θεαγένης. Der zweite hingegen ist unsicher, indem nur der Anfang Κλο oder Κλω und der Schluss δης sich zuverlässig ergeben. Denn dass der drittletzte Buchstabe ein *D* und nicht, wie Rusopulos gelesen hat, ein *T* ist, scheint mir sogar aus seinem eigenen Facsimile klar. Vor dem *D* ist wahrscheinlich ein *A*. Ob der vierte Buchstabe von Anfang ein *I* oder *N* ist, vermag ich nicht zu erkennen. Deutlich ist dagegen das *E* in der Mitte, nur lässt sich nicht entscheiden, ob es ι oder η bedeutet.

21. *KΛEOMAΨOS*   Κλεόμαχος.
    ΛYKOΦRON   Λυκόφρων.

Während der erste Name sehr deutlich geschrieben ist, lässt sich der zweite nur mit grosser Mühe erkennen, weil nicht nur die Züge zum Theil sehr schwach eingekritzelt sind, sondern noch Reste eines andern Namens dazwischen und dahinter stehen. Rusopulos hat Λύκ(ο)ν gelesen, den Anfang also mit mir übereinstimmend. Aber auch auf seiner Zeichnung ist wenigstens *RO* noch ganz deutlich.

22. *K . . . ANOS*   Κ[υίρ]ανος?

Die Lesung Κυίρανος schien mir früher ziemlich sicher, bei wiederholter Betrachtung sieht mir nun aber der dritte Buchstabe eher wie ein *E* aus, wo dann freilich ganz anders zu lesen wäre. Die drei Buchstaben am Ende, *NEE* oder vielleicht *NEA*, hängen mit den vorangehenden nicht zusammen.

23. *KON . .*   Κόν[ρος?

Die Ergänzung ist unsicher, aber bestimmt ergiebt sich, dass höchstens drei Buchstaben fehlten, da hinter *N* nur ein kurzes Stück des Bleies stark zerfressen ist, der Rest aber vollkommen glatt, ohne Spur von Schrift. Man könnte auch an Κόνων, Κόνος, Κοννᾶς denken, Κόντος empfiehlt sich dadurch, dass es sich unter den oben erwähnten, mir mitgetheilten Namen bei Lambros findet, und wie Γλαῦκος zweimal, so kommen auch manche andere Namen wiederholt vor, z. B. Κέφαλος nicht weniger als sechsmal.

24. *KTESIS*   Κτῆσις.

Die Buchstaben sind auffallend in die Breite gezogen und weit auseinander gestellt, aber nur schwach eingekritzt. Aehnlich war die Rückseite beschrieben, die jetzt aber keinen vollen Namen mehr ergiebt. Man erkennt noch EIIAI mit ziemlicher Sicherheit.

25. *AEONBROTOS* Λεώνβροτος. †

Sehr deutlich und scharf geschrieben und das Täfelchen nach beiden Seiten hin durchaus vollständig, so dass man sich nicht etwa verleiten lassen darf *K]λεόνβροτος* zu vermuthen, so nahe es auch liegt. Der erste Theil des zusammengesetzten Namens ist ohne Zweifel λεώς = λαός. Wie hier, steht ν vor β, anstatt μ auch in der altattischen Inschrift C.I.Gr. n.165, Col. 1, Z. 27 in *Κλεόνβροτος*, auffallend genug. Denn in diesen Zusammensetzungen mit βροτός ist der Nasallaut nicht zum ersten Theil gehörig, auch keineswegs ν das ursprüngliche, so dass es in der gewöhnlichen Schreibung nur wegen des folgenden Labiales in μ umgewandelt wäre. Vielmehr gehört μ ursprünglich zur Wurzel von βροτός. Curtius Gr. Etym. S. 297. Buttm. Lexic. 1, 34.9. Es ist daher ganz etwas anderes, als wenn σύν-φορος, συν-μαχία, Πάν-φιλος, Ιχατόν-πεδος, oder vor dem Gutturallaut Έν-χαιρος, das auch auf einem der Bleie sich findet, und ähnliches geschrieben wird, wo nur die etymologisch ganz richtige Schreibart festgehalten ist. Es scheint die Analogie solcher Fälle auch auf die Orthographie jener andern eingewirkt zu haben, wo μ das ursprüngliche war. Zu den bisher bekannten, wie Όλυν-τος, kommt noch *IANIRON*, Λάνπρων auf einem der Bleie von Styra. Dass es bloss falsche Schreibweise sei und keinesfalls auf einer abweichenden Aussprache beruhte, behauptet W. Christ Grundz. d. griech. Lautlehre S. 96, sehr bestimmt, aber ohne Gründe dafür anzuführen.

26. *AEVK . RIOS* Λευκ[ά]ριος †?

Ganz sicher ist die Lesung nicht, indem nicht bloss α zweifelhaft ist, sondern auch κ. — Von einem zweiten Namen liest man dann noch deutlich *NIKO*, für das übrige ist kein Raum mehr da.

27. *AIBVS* Λίβυς.

Dahinter Spuren eines andern Namens.

28. *AOWAΓOS* Λόχαγος.

Vergl. L. Dindorf im Thesaur. Steph.

29. *AVSIKRATES* Λυσικράτης.

30. *AVSIM . WOS* Λυσίμ[α]χος.

Dahinter ein einzelnes *N*, und auf der Rückseite einige sehr undeutliche Buchstaben.

31. *MA . ESTI?*

Die Lesung unsicher. Der dritte Buchstabe ist wohl eher ein *R* als *D*. Was für ein Name darin steckt, ist mir ganz unklar, ich mache aber darauf aufmerksam, dass auf n.19 *Ma* oder wahrscheinlich *Maρ* steht, dass auf den Täfelchen der Ephimeris n. 32 und 37 *Maρ* gelesen wird und dasselbe in einer der mir mitgetheilten Abschriften von Lambros.

32. *MANTIADES* Μαντιάδης.
33. *MEDON* Μίδων.
Unmöglich wäre freilich auch das seltene Μήδων nicht.
34. *MELANES* Μελάνης.†
Ueber die zahlreichen von μέλας abgeleiteten Namen handelt mit der ihm eigenen Gründlichkeit Keil Anal. Epig. et Onomat. S. 196 ff.; Μελάνης zwar kennt er nicht, aber nahe kommen dieser Form Μελανεύς und Μελάννης, das auf der orchomenischen Inschrift C.I.Gr. 1593, Z.5, aus dem Genetiv Μελάννιος zu entnehmen ist. Μελάνης kommt noch ein zweites Mal auf einem Bleitäfelchen von Styra bei Lambros vor.

35. *MVLAVROS* Μύλαυρος.†
Zur Vergleichung bietet sich für die Erklärung dieses ganz unbekannten Namens das von Hesychios bezeugte πυλαυρός = πυλωρός, Lobeck Pathol. S. Gr. Proleg. S. 260. Es hiesse also μυλαυρός eigentlich der Mühlenhüter. Als Appellativ oxytoniert, muss es als Proprium ohne Zweifel proparoxytoniert werden.

36. *NIKOXENOS* Νικόξενος.
Von der rechten nach der linken zu lesen, wie die *N* und die Stellung des *E* mit Bestimmtheit beweisen. Von einem ausgestrichenen Namen sind noch allerlei Spuren vorhanden.

37. *. ENOKLIDES* Σ]ενοκλίδης.
. EΘIONOS
Es ist dies das einzige Täfelchen, an dem ein Stückchen abgebrochen ist und zwar in dem scharf eingegrabenen Strich des ersten *E* von *. ENOKLIDES*. Die Ergänzung darf wohl als sicher gelten. Dagegen ist es mir bisher nicht gelungen, den zweiten Namen mit einiger Wahrscheinlichkeit herzustellen. Ob vorne ein oder zwei Buchstaben weggefallen, lässt sich nicht entscheiden, und am Schlusse gehören die sehr schwachen Züge von *OS* vielleicht gar nicht zu den vorangehenden scharf gezogenen Buchstaben. (Gehören sie dazu, so ist es ohne Zweifel ein Genetiv.

In dem Namen Σ]ενοκλίδης mache ich auf das *ι* anstatt *ει* aufmerksam, das wir nicht nur in diesem Namen, sondern auf den meisten patronymischen Formen, die sonst *ει* haben, finden. Namentlich bei einer Reihe solcher, die von Namen auf κλεης abgeleitet sind, so Άριστοκλίδης, Δημοκλίδης (Ephim. Arch. n.71), Εύκλίδης, Νεοκλίδης. Oben n. 19 hatten wir Κηδίδης, was freilich weniger auffallend, wenn auch Κηδείδης die regelmässige Form zu sein scheint. Aber auch in andern Fällen ist *ι* statt *ει* geschrieben, so Όρίδεστος anstatt Όρείδεστος Eph. Arch. n.43. — Es ist diese Vertretung des *ει* durch *ι* bekanntlich dem böotischen Dialekte eigenthümlich. Ahrens de Dial. L. G. I, S. 189 f. Aber während hier sich eine Uebereinstimmung mit dem Dialekte des Nachbarlandes zeigt, finden wir in den styrischen Namen durchweg das *η* beibehalten, wo der Böotier dafür *α* setzt. Für die attische Form Άριστοκλείδης sagt der Böotier Ἀρωτοκλίδας C. I. G. 1593, der Styreer Ἀριστοκλίδης, für Δημοκλείδης der Böotier Δαμοκλίδας, C. I. G. 1575, der Styreer Δημοκλίδης u. s. w. Ja der Gebrauch des η ist sogar weiter ausgedehnt als im attischen Dialekt, wie wir unten bei n. 53 sehen werden.

38. XENON Ξένων.
Dahinter und dazwischen Spuren eines andern Namens. Auch die Rückseite scheint einmal beschrieben gewesen zu sein.

39. XENON Ξένων.
Links neben X steht noch ein Sigma, vermuthlich als Rest von einem in umgekehrter Richtung geschriebenen Namen. Auf der Rückseite sind Sigma und E deutlich, nicht so der dazwischenliegende Buchstabe, und ob noch etwas folgte, ist bei dem zerkratzten Zustand der Fläche nicht zu erkennen.

40. SAITVBION Σαιτυβίων. †
Sehr deutlich und kräftig geschrieben.

41. SIMONIDE Σιμωνίδη[ς.
    KTEISION Κτεισίων.
Bei dem zweiten Namen treten Jota und Sigma so nah einander, dass man sie bei flüchtigem Blick für ein K nehmen kann, und an das folgende Jota, besonders oben schliessen sich nach beiden Seiten Züge, die den Schein eines Φ hervorbringen. So hatte mir denn Lambros angegeben, es stehe auf dem Täfelchen KTEKΦΟΝ, und auch mir schien das zuerst der Fall zu sein. Indessen ist bei genauer Betrachtung IS unzweifelhaft und das scheinbare Φ erklärt sich vielleicht so, dass der Schreiber zuerst aus Versehen den nachfolgenden Buchstaben O geschrieben und dann ohne ihn ganz zu tilgen I hineingesetzt. Κτεισίων wäre dem böotischen Dialekt analog für Κτησίων (Ahrens de Dial. L. G. I. S. 182 ff.), wie Κτεισίας in der orchomenischen Inschrift C. I. Gr. 1573, 11 (Keil Syll. I. B. S. 13. Zur Sylloge I. B. im 4. Suppl. der Jahrb. f. class. Phil. S. 630. Rangabé Antiqu. Hell. II, n. 309) steht und wie wahrscheinlich oben n. 6 Θείσων für Θήσων. Sonst finden wir freilich die von dem gleichen Stamme abgeleiteten Namen auf den styrischen Bleien durchweg mit η geschrieben, Κτήσιμος Eph. Arch. n. 18, Κτήσινος dreimal bei Lambros. Κτήσις oben n. 24 und Κτησίων selbst in der Eph. Arch. n. 19. 20. 49 und ein viertes Mal bei Lambros. Aber ich glaube nicht, dass eine solche Inconsequenz in der Schreibung besonders bei Eigennamen irgend anstössig sei. Zu kräftig und mit der übrigen Schrift übereinstimmend ist das I, um etwa anzunehmen, es gehöre zu den Resten eines andern Namens. Es bliebe, um es zu beseitigen, nur die Annahme eines Versehens des Schreibers übrig. Hinter Κτεισίων scheinen noch Reste eines umgekehrten K zu stehen.

42. SPIN . EKO.
Die vier ersten Buchstaben sind vollkommen deutlich, die letzten wegen Corrosion des Bleies sehr schwach.

43. SPONDAOS Σπόνδαος.†
Von der rechten zur linken geschrieben, äolische Form für Σπονδαῖος, wie Ἄλκαος für Ἀλκαῖος. Ahrens de Dial. I., G. I. S. 100. Usener in den Jahrb. für class. Phil. 1865. S. 236 ff. Den gleichen Aeolismus trifft man auf den styrischen Bleien in Αἰυκραος (Αἰυ[χ]ραος?) und Τίμαος bei Lambros. Links vor Σπόνδαος steht noch in rechtsläufiger Schrift ΛΕ als Rest eines Namens, von dem sich noch einzelne Striche zwischen den Buchstaben von Σπόνδαος erkennen lassen.

44. TELEFANES   Τηλεφάνης.
45. TIGOS.   Τίγος†?

Der schwache Strich oben am Sigma, der ihm fast die Gestalt eines Koppa giebt, scheint durch blosses Ausgleiten des Griffels entstanden, wenn er nicht vielleicht zu Resten eines ausgestrichenen Namens gehört, welche die jüngeren Augen eines meiner Zuhörer noch entdeckt haben. Bemerkenswerth ist die fast viereckige Gestalt des O. Hängt der Name vielleicht zusammen mit τιγάς, was Hesychios durch εἶδος ἀμπέλου erklärt?

46. TIMOKRATES   Τιμοκράτης.
Dahinter noch ein O. Der gleiche Name steht auf einem Täfelchen bei Lambros.

47. FLAIGIRES   Φιλαιγίρης.†
Auch hier ohne Zweifel das letzte ε in böotischer Weise für ει, Φιλαιγείρης, von αἴγειρος oder Αἴγειρα abgeleitet.

48. FLIO ...   Φιλο ...
... IRIVOS   Καβίριχος?

In dem zweiten Namen scheint IRINOS linksläufig ziemlich deutlich und dann liesse sich wohl am ehesten an den bekannten böotischen Namen Καβίριχος oder Καβίριχος, allenfalls auch an Μίριχος oder Μοίριχος (vgl. Keil Syll. I. B. III, 34, S. 44 und 18, Ahrens d. D. L. G. II, S. 520) und Πίριχος (Keil Syll. I. B. LIX, g) denken. Aber die Züge rechts passen kaum zu einem dieser Namen, scheinen vielmehr umgekehrt gelesen werden zu müssen und der erste Ε, der zweite Κ zu sein.

49. FLIVTES   Φιλύτης.
Auch dieser Name, der sich noch einmal auf einem der Bleie von Lambros findet, trägt in dem υ ein äolisches Gepräge, während dagegen die Endung της beibehalten ist. Die Endung ύτας finden wir in dem bekannten Ἀρχύτας, in Ἀνδρύτας auf einer korinthischen Vase C. I. Gr. n. 7, Jahn Vasensammlung König Ludwigs, n. 211 (Ἀυβύτας nach Herodot IV, 170 restituiert bei Herodian περὶ μον. λέξ. S. 11 gehört nicht hieher), dagegen υτης in Γλαυκέτης, dem Namen eines Vasenfabricanten (Brunn Gesch. der gr. Künstler II, 691. Jahn Vasensamml. Kön. Ludwigs, n. 333), und in Κεφαλύτης auf einem der Bleie von Styra bei Lambros. Mit Φιλύτης ist zu vergleichen der weibliche Name Φιλυτώ auf einer delischen Inschrift C. I. Gr. 2310. Nur

dialektisch verschieden sind die Endungen οιτας, οιτης. Wie sich neben Ἀνδρύτας auch Ἀνδροίτας findet (Schol. zu Apoll. Rhod. II, 154), neben Ἀντρύτας, Ἀντμοίτας Ἀνεμοίτης (Demosth. pro coron. § 296. Ahrens de Dial. L. Gr. I, S. 193. Lobeck Pathol. S. Gr. Proleg. 382. Bekker Anecd. S. 397. 33), so neben Φιλύτης auch Φιλοίτης bei Theognost. S. 46 und bei Suidas. Denn mag der Name dort auch, wie Bernhardy meint, irrig an die Stelle von Φιλοίτιος gekommen sein, so wäre das doch nicht geschehen, wenn er überhaupt nicht existiert hätte. Auch an Φιλοίτας kann erinnert werden, da nach den alten Grammatikern die Äolier υ für ω setzten. Ahrens de D. L. Gr. I, S. 97.

50. ΦOINIKADES   Φοινικάδης.†
51. ΨΑRIDEMOS   Χαρίδημος.
52. ΨΑRIMOΛΠOS   Χαρίμολπος.†
ΨΑ. ΟΦΑΝΕ   Χα[ρ]οφάνης.†

Der erste Name ist sicher, wenn auch das M nicht mehr ganz lesbar ist. Zu vergleichen ist Εὔμολπος. Beim zweiten ist nicht zu erkennen, was zwischen A und O steht, doch scheint es nur ein Buchstabe zu sein. Wäre der Raum grösser, so liesse sich auch an Χα[ρυ]οφάνης oder Χα[ιρ]οφάνης denken.

53. ΨΑROΠIES   Χαροπίης.†

In der Eph. Arch. n. 34 und 94 finden wir zweimal Χάροψ, einmal Χαροπίνος und dasselbe auch bei Lambros. Zu bemerken ist die ionische Endung ης anstatt ας, die wir überall in den Namen der ersten Declination finden, wo nicht nur der dorische und äolische, sondern auch der attische Dialekt ας haben. So ist nicht Κριτίας geschrieben, sondern Κριτίης Eph. Arch. n. 57, so Ἀστίης bei Lambros, Κιττίης Eph. Arch. n. 59. Μιχρίης viermal bei Lambros, Σαρδίης, Πυρρίης bei demselben, Φειδίης Eph. Arch. n. 65. Denn wenn Rusopulos im Texte Φειδίας geschrieben hat, so ist das wohl gegenüber seinem eigenen Facsimile ein Versehen. Auch Φιλαιγίρης (oben n. 47) gehört wohl hieber. Endlich finde ich bei Lambros auch die ionische Namensform Θώρηξ.

54. ΨREMVΛΟS   Χρεμύλος.

Werfen wir nach der Betrachtung der einzelnen Täfelchen zunächst einen Blick auf die Schrift, so können wir uns kurz fassen, da A. Kirchhoff in seinen vortrefflichen »Studien zur Geschichte des griechischen Alphabets« S. 252. 253 nach den ersten Mittheilungen in der Archäologischen Ephimeris bereits genügend darüber gesprochen hat. Das Alphabet von Styra gehört zu der Gruppe, welche der genannte Gelehrte sehr angemessen als die des Westens bezeichnet hat, und welche ausser Euböa, ihrem östlichsten Gebiete, in Böotien, Phokis, bei den ozolischen

Lokrern, in Lakonien, Arkadien, Elis und Hermione, sodann in den Colonien Grossgriechenlands, namentlich den chalkidischen, die ihr Alphabet von ihrer Mutterstadt in Euböa mitgebracht hatten, nachgewiesen ist. Auch das lateinische und die übrigen italischen Alphabete sind von dieser Gruppe durch die Vermittlung der chalkidischen Colonien ausgegangen. Das Hauptmerkmal derselben ist, dass Xi durch + oder X, Chi aber durch Ψ bezeichnet ist. Für Psi hat sie mit einziger Ausnahme der ozolischen Lokrer kein besonderes Zeichen, sondern drückt es durch $\pi\sigma$ aus. Das lange und kurze E, das lange und kurze O sind noch nicht unterschieden. H ist das Zeichen des Spiritus, O vertritt auch den Diphthong OT. Koppa ist mit Sicherheit bisher nur in den grossgriechischen Alphabeten der Gruppe nachgewiesen, das Digamma (Vau) dagegen in den meisten.

Mit den bisher bekannten Alphabeten dieser Gruppe also stimmt das der Bleiplättchen von Styra im Wesentlichen vollkommen überein. Als Kirchhoff schrieb, war noch kein H gefunden, jetzt kommt es auf meinen Stücken, wovon eines bereits in der Ephimeris von Rusopulos publiciert ist, dreimal vor, und noch einmal bei Lambros im Namen Ἡγμοπεῖς. Koppa ist mit Sicherheit auch jetzt noch nicht ermittelt und das Digamma oder Vau fehlt entschieden, was durch den Dialekt seine Erklärung findet. Bemerkenswerth ist im Gegensatz zu dem sonst nahestehenden böotischen Alphabet und dem der chalkidischen Colonien in Italien, dass Lambda die Form Λ, nicht V hat. Gamma ist Γ oder Λ. — Dass sich im Einzelnen oft bedeutende Abweichungen in der Form der Buchstaben zeigen, darf uns nicht wundern, da es ja nicht monumentale Steinschrift ist, sondern die Namen ohne Zweifel von verschiedenen Händen zu vorübergehenden Zwecken in einer fast der Cursivschrift entsprechenden Weise geschrieben sind. Die Hand des Schreibers und die Beschaffenheit des Griffels und des Bleies haben da natürlich verschiedene Formen hervorgebracht, so gut als das bei dem Gebrauch des Schreibrohres oder der Feder der Fall ist. Hinsichtlich der Zeit weist die Schrift auf das fünfte Jahrhundert, wiewohl ich auch gegen eine etwas frühere Ansetzung nichts wesentliches anzuführen wüsste.

Für die Beurtheilung des Dialektes geben blosse Namen und zwar fast ausschliesslich im Nominativ ein ziemlich dürftiges Material, das indessen doch nicht unterschätzt werden darf. Bereits Kirchhoff hat a. a. O. S. 253 auf den Ionismus der Endungen aufmerksam gemacht, der oben zu n. 37 und 53 besprochen worden ist. Und nicht nur in den Endungen tritt er hervor, sondern auch innerhalb der Wörter, wo das η nicht allein da erscheint, wo der dorische und äolische Dialekt α, der attische aber η hat, sondern vielleicht selbst in solchen Fällen, wo die Attiker α haben. So finden wir durchweg η, wie bei den Attikern, in den mit $\delta\tilde{\eta}\mu o\varsigma$ zusammengesetzten Namen, Ἀρχίδημος oben n. 2, Χαρίδημος n. 51, Δημόκριτος Eph. Arch. n. 87, Πυθόδημος bei Lambros; so ferner Ἐξήκεστος oben n. 9, nicht Ἐξάκεστος, so Ἀρχηγος Eph. Arch. n. 31, aber daneben Λόχαγος oben n. 28, beides wie bei den Attikern. Ganz ionisch wäre Δημάρητος, wenn DEMARETOS bei Lambros so zu lesen ist, das aber freilich auch Δημάρετος sein kann. Ferner sind die mit λαός, λεώς zusammengesetzten Namen anzuführen, wo bei Doriern und Äoliern die Zusammenziehung in λα eintritt, während Ionier und Attiker gerne die sogenannte attische Form mit εω gebrauchen. So steht Ἀρχεσίλεως Eph. Arch. n.78, und Λεωκράτ[ης] Eph. Arch. n.60, Λεωκρατίδης Eph. Arch. n.87, Λεωθίρης Eph. Arch. n.69, Λεώρδορος oben n.25. Dagegen Formen wie Λαοθίρης oder Ἀρχεσίλας fehlen durchaus.

Neben diesem entschiedenen Hinneigen zum Ionismus begegnen wir nun aber auch einer Anzahl von Erscheinungen, die dem äolischen, namentlich dem böotischen Dialekte eigen sind. Es ist oben zu dem Namen Ἐτροκλίδης n.37 auf die Vertretung von ει durch ι in den patronymisch gebildeten Namen gewiesen worden, wo die Etymologie ειδης erforderte, aber ιδης steht, dem böotischen ιδας entsprechend. Dieselbe Erscheinung haben wir in Ὀριθεστος und Φιλαγίρης gefunden, und ferner höchst wahrscheinlich ει für η in Θειαωρ n.6 und Κτεισίων n.41. Die Endung αος für αιος findet sich in Στόρδαος, Τιμαος, Αἰαζραος, und ι· wie es scheint für οι in Φιλέτης und ähnlichen Formen.

Dazu kommt aus der Arch. Ephimeris n.23 Μίτειχος für Μίτοιχος, also ει für οι, während im böotisch-äolischen Dialekt in diesem Falle das ι vom ι· ganz absorbiert und z.B. für οἰκία Fυχία gesagt wird. Dagegen lassen sich die äolischen Endungen der localen Adverbien ἄλλει, τυίδε und dgl. vergleichen. Ahrens de Dial. L. Gr. I, S. 154 ff. L. Hirzel zur Beurtheilung des äolischen Dialektes S. 14.

Endlich gehören wohl auch hieher die verschiedenen Namen auf ες, als Σίνες Arch. Ephim. n. 80, Φίλες zweimal bei Lambros, Σκήτες Arch. Ephim. n.27, womit Ἰάως, der Name eines Thespiers bei Polybios XXVII. 1, 4 zu vergleichen ist.

Recht im Gegensatz zu diesen Aeolismen ist nun aber, wie vorher bemerkt, keine Spur eines Digamma vorhanden, hingegen, wie wir bei Ἐυχαρίων und Εὐάγης gesehen haben, eine offenbare Vorliebe für die Aspiration in Uebereinstimmung mit den Attikern, die als δασυνταί bekannt waren. Pierson zu Moeris S. 179. Keil Schedae Epigr. S. 6. Ahrens de Dial. L. Gr. I, S. 19 ff. S. 168. 169.

Wie also schon im böotischen Dialekte der äolischen Grundlage unzweifelhaft ionische Elemente beigemischt waren, so zeigt sich ein ähnlicher gemischter Charakter in den Namen von Styra, nur mit viel stärkerem Vortreten des Ionischen oder Altattischen. Und damit stimmt sehr wohl überein, was wir über die Bewohner von Styra vernehmen. Sie gehörten ursprünglich zu dem alten Stamme der Dryoper, deren Dialekt uns freilich nicht bekannt ist, aber nach ihren Wanderungen und Wohnsitzen in Griechenland zu vermuthen, dem altäolischen schwerlich ferne stand, selbst wenn sie mit Recht von Bursian aus Lykien hergeleitet werden. Herod. VIII, 46. Paus. IV, 34, 6. Bursian Quaest. Euboic. S. 19 ff. Im Verlauf der Zeit waren aber die Styreer den Ioniern so assimiliert worden, dass zur Zeit des peloponnesischen Krieges Thukydides VII, 57 sie im Gegensatz zu ihren gleichstammigen Nachbarn in Karystos geradezu Ionier nennt, und sie selbst nach Pausanias a. a. O. die Benennung als Dryoper verächtlich ablehnten.

Wenn wir endlich nach der Bestimmung dieser kleinen beschriebenen Bleitäfelchen fragen, so muss ich zunächst eine früher geäusserte irrige Meinung zurücknehmen. Durch die Angabe verleitet, dass sie bei einem Denkmale gefunden worden seien, habe ich (in der Anzeige von Baumeisters Topograph. Skizze der Insel Euböa, in den Göttinger gel. Anzeigen 1864, S. 1369) die Vermuthung ausgesprochen, es seien die Namen der in einem Polyandrion beigesetzten Männer, die gemeinsam in einem Kriege umgekommen waren. Gegen diese Annahme spricht, ausser der schon dort nicht verschwiegenen Sonderbarkeit, die Namen in das Grabmal zu legen, die seither zu Tage gekommene Anzahl von Namen, die für das kleine Styra ungewöhnlich gross wäre. Bei Artemision und bei Salamis standen zwei Schiffe von Styra, Herodot VIII, 1. 46, bei Platää waren sechshundert Eretrier und Styreer (Herod. IX, 28), wovon sicherlich der weit grössere Theil von Eretria, das zur Flotte sieben Schiffe gestellt hatte. Noch entscheidender aber ist der Umstand, dass die Bleie wiederholt beschrieben, ältere Namen ausgestrichen, frische darüber gesetzt sind. Sie sind also offenbar zu einem vorübergehenden Gebrauche bestimmt gewesen und da wüsste ich keine andere Veranlassung, so zahlreiche Namen auf besondere Täfelchen zusammenzulegen, als eine Loosung. Bekanntlich wurden in den griechischen Demokratien viele Aemter und grosse Collegien, wie der Rath und die Gerichte, durch das Loos besetzt. Genaueres wissen wir nur von Athen, wo das Loos vermuthlich durch die klisthenische Verfassung oder bald nachher eingeführt wurde. Nicht weniger sicher ist es aber von andern Orten, da diese Wahlart als allgemeines Princip der Demokratie galt. Aristot. Polit. VI, 1, 8. Rhetor. 1, 8. So mag es auch in Styra, besonders nach den Perserkriegen, wo die Stadt zur attischen Symmachie gehörte, üblich gewesen sein. Neben der Stellenbesetzung kamen übrigens auch noch andere Anlässe zum Loosen vor, wie z. B. bei Landvertheilungen. Allein die wiederholte Beschreibung der Bleie weist auch auf eine wiederkehrende Loosung, und die fand doch vorzugsweise bei jener Stellenbesetzung statt. Die Bleiplättchen waren sehr geeignet für das Durcheinanderrütteln der Loose, ohne doch zu grossen Raum einzunehmen. Blei war bekanntlich in der ältern Zeit ein für die Schrift sehr viel angewandtes Material. Ich brauche nur an das Bleiexemplar der Werke und Tage Hesiods in Askra zu erinnern. Pausan. IX, 31, 4. Vgl. Suidas. s. v. ἐλαυμός. Es ist daher gar nicht nöthig, an den Gebrauch dieses Metalles bei Verfluchungen zu denken, wovon wir freilich jetzt Beispiele in Fülle haben.

Ohne Schwierigkeiten bleibt freilich auch die Annahme der Bestimmung der Bleie zur Stellenverloosung nicht. Es ist bereits oben erwähnt worden, dass eine Anzahl von Namen wiederholt vorkommt. Dass der Name ein und desselben Mannes bei derselben Verloosung mehrmal eingelegt worden sei, lässt sich kaum denken. Sind aber damit verschiedene gleichnamige Männer gemeint, so war eine Unterscheidung nöthig. Man erwartet den Namen des

Vaters und etwa noch einer politischen Volksabtheilung, wie z. B. in Athen auf den Richtertäfelchen dem Namen des Richters regelmässig der des Demos und oft auch der des Vaters bei-
gegeben ist. Nun finden wir zwar hie und da auf unsern Bleien nach dem vollen Namen im Nominativ
noch einige Buchstaben, welche der Anfang des Vaternamens sein könnten, wie ja auch auf den
athenischen Richtertäfelchen dieser gewöhnlich nicht ausgeschrieben ist. So n. 26 $Λυκ[ά]ριος$
$Νικο$. So finde ich bei Lambros einmal $Φίλης$ allein und das andremal $Φίλης Άμο$. In andern
Fällen wäre möglich, dass der Name der Rückseite im Genetiv den Vater bezeichnete, so n. 37,
wo $Σπροκλίδης$ auf einer Seite steht, auf der andern $ΕΘΙΟΝΟS$, vielleicht ein Genetiv, bei
Lambros auf einer Seite $Λυσικρίτης$, auf der andern $Οικοιρίωνος$, vielleicht auch Arch. Eph.
n. 50, wo auf einer Seite $Σίμων$ steht, auf der andern $ΕΠΙΚΟΡΟ$, was $Έπικοίρου$ wäre,
wenn nicht etwa das Sigma blos unleserlich geworden und $Επίκουρος$ verstanden ist.

Indessen sind das nur Ausnahmen, und gerade Namen, die wiederholt vorkommen, stehen
mehrmals ohne allen Beisatz, so $Μοισοκλίδης$ zwei- oder wahrscheinlich dreimal bei Lambros,
$Κίγαλος$ in der Arch. Ephim. n. 14 und dreimal bei Lambros ohne Beisatz, nur einmal
steht bei Lambros dahinter ein M, und in der Arch. Ephim. n. 55 auf der Rückseite $Μοχίων$,
also kein Genetiv. $Κτησίων$ steht ohne Beisatz dreimal in der Arch. Ephim. n. 19 20. 49,
einmal bei Lambros mit $SIDIS$ auf der Rückseite. $Μιχρίης$ finde ich dreimal bei Lambros
ohne Beisatz, einmal mit $Κυ$ auf der andern Seite, $Ἵππος$ bei Lambros zweimal allein
und auf einem dritten Blei den gleichen Namen auf beiden Seiten im Nominativ. Ueberhaupt sind in den meisten Fällen da, wo beide Seiten beschrieben sind, beide Namen im Nominativ, also gewiss nicht der eine zur Bezeichnung des Vaters. Und zwei Namen auf einem
Täfelchen sind für die Loosung zur Besetzung von Aemtern doch kaum zu erklären. Anders
wäre es bei einer Verloosung zur Vertheilung von Land oder etwas Aehnlichem. Da liesse sich
allenfalls denken, dass in gewissen Fällen etwa zwei Personen mit einander ein Loos erhalten
hätten oder eine Person mehrere Loose. Endlich möge noch bemerkt sein, dass ein Genetiv
sich allenfalls auch unabhängig von einem andern Namen als possessiv erklären liesse in dem
Sinne, dass das Loos dem im Genetiv stehenden Namen angehöre.

Vielleicht lassen sich die hervorgehobenen Schwierigkeiten wenigstens zum Theil durch die
Annahme beseitigen, dass die vorliegenden Täfelchen nicht zu einer bestimmten, bevorstehenden
Verloosung zusammengelegt gewesen seien, sondern einen Vorrath von Loosen gebildet hätten,
aus dem dann im einzelnen Falle der Beamte erst die nöthigen Stücke herausgenommen habe.
Doch bleibt auch so die Schwierigkeit der Doppelnamen auf einem Blei nicht genügend gelöst.

Trotz aller dieser Bedenken weiss ich keine andere wahrscheinlichere Vermuthung aufzu-
stellen. Mag aber die Bestimmung der Täfelchen gewesen sein, welche sie will, immerhin
werden sie als Denkmäler einzig in ihrer Art aus so früher Zeit von hohem Werthe bleiben.

Diese Abhandlung war bereits in der Druckerei, als mir das zweite Heft des 22. Jahrganges des Rhein. Museums N. F. zukam, wo Fr. Lenormant zweihundert und sieben und siebenzig dieser Täfelchen mit facsimilierter Abbildung veröffentlicht. Darunter ist der grösste Theil der mir von Lambros in Abschrift mitgetheilten und noch eine Anzahl von demselben Antiquitätenhändler herkommender, diese alle jetzt im Besitze des Akademikers Chasles in Paris, und ausserdem noch sechs und sechzig, welche Herr Waddington daselbst besitzt. Da ich sie selbst nicht gesehen habe, steht mir ein Urtheil über die Genauigkeit der Abbildungen nicht zu, doch kann ich mich der Vermuthung nicht enthalten, dass ein grosser Theil auf dem Blei nicht die Schärfe und Sicherheit der Züge habe, wie die Abbildung sie darbietet. Das schliesse ich erstens daraus, dass Lambros häufig andere Lesarten hat, was sich nur aus der Undeutlichkeit der Schrift erklärt, ferner aus den Abbildungen der Stücke des Archäologischen Museums zu Athen in der Ephimeris und besonders aus der Beschaffenheit der fünf und siebenzig mir vor Augen liegenden Exemplare. Die Form der Buchstaben ist sehr gut gegeben und jedenfalls ist man Herrn Lenormant für die Veröffentlichung zu grossem Dank verpflichtet.

Erfreulich ist mir, dass der Herausgeber hinsichtlich der Bestimmung der Täfelchen die gleiche Vermuthung hat, wie ich.

Taf. I.

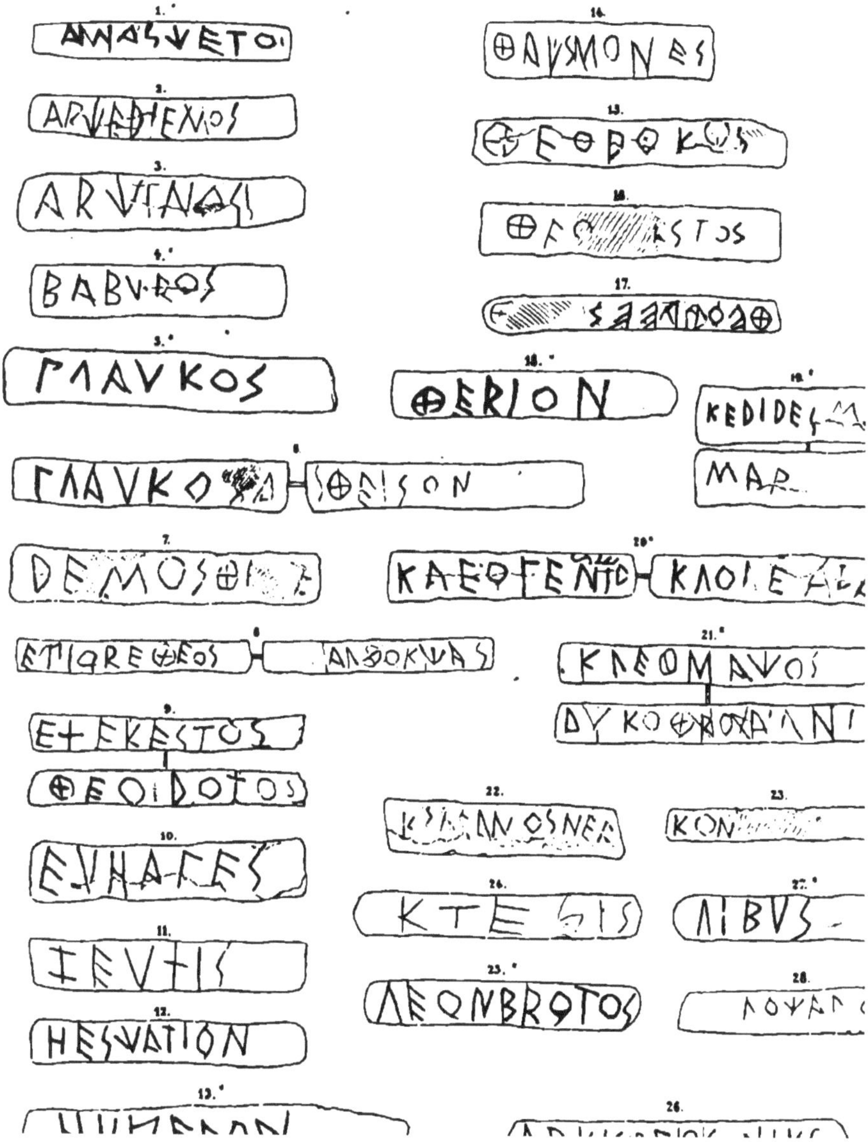

1. ANASVETOI
2. ARVEDIENOS
3. ARVINOS
4. BABVROS
5. ΓΛΑΥΚΟS
6. ΓΛΑΥΚΟ — ΘΕΙSON
7. DEMOSΘ...
8. ETIQREΘEOS — ΑΝΘΟΚΥΑS
9. ETEKESTOS
   ΘΕΟΙΔΟΤΟS
10. EVHAΓES
11. ΙΕΥΤΙS
12. HESVATION
13. ...
14. ΘΑΥΜΟΝΕS
15. ΘΕΟΔΟΚΟS
16. ΘΕ...STOS
17. ...
18. ΘΕRION
19. KEDIDE...
    MAR...
20. ΚΑΕΘΓΕΝΤΟ — ΚΛΟΙΕΑ...
21. ΚΛΕΟΜΑΝΟS
    ΟΥΚΟΘΡΟΑΛΝΙ
22. K...ANOSNER
23. KON...
26. KTESIS
27. ΛΙΒΥS
25. ΛΕΟΝΒROTOS
28. ΛΟΥΑΡ...
26. ...

#	Inscription
29.	ΛVΣIKRATEΣ
30.	ΛOΣIM... ΣION
31.	MADESTO
32.	MANTIADEΣ
33.	MEDON
34.	MEΛANEΣ
35.	MVΛAVRΟΣ
36.	ΝΙΚΚΟΗΜΜ
37.	ENOKΛIDEΣ
	EOTONOΣ
38.	ΞENOX TI
39.	ΟΧΥΟΝ
	ΣΕΛ
53.	VΑRIΛΟΛΓΟΣ
40.	ΣΑΙΤVΒΙΟΝ
41.	ΣΙΜΟΝΙDΕΣ
	ΚΙΣΚΙΟΝ
42.	ΣΠΙΝ...ΚΟ
43.	ΣΟΑΘΗΟΣ
44.	ΤΕΛΕΦΑΝΕΣ
45.	ΤΙΤΟΣ
46.	ΤΙΜΟΚΡΑΤΗΣΟ
47.	ΦΙΛΛΙΓΙΡΕΣ
48.	ΦΙΛΟ... ΣΟVΡΙ ΚΥ
49.	ΦΙΛVΤΕΣ
50.	ΦΟΙΝΙΚΑDΕ
51.	VARIDIMOΣ
52.	VAΟΦΑΝΕ

A, BB, ΓΓ, DD, ΕΕ, Ξ, H, ΘΘ, I, K, ΛΛ, MM, NN, OOO, Γ, Q, RR, ΣΣΣ, T, V, +, X, Φ, Ψ.